Inhalt

Traceability Management - Risikominimierung bei Produktrückrufen

Kernthesen

Beitrag

Fallbeispiele

Weiterführende Literatur

Impressum

Traceability Management - Risikominimierung bei Produktrückrufen

I.Lukmann

Kernthesen

- Produktrückrufe können einem Unternehmen einen hohen Schaden zufügen. Um das Risiko zu minimieren, stützen sich viele Unternehmen auf das sogenannte Traceability Management. (1)
- Um einen Warenrückruf zu vermeiden, soll nach dem Konzept des Traceability Managements, das Qualitätsniveau des Produkte erhöht werden und die Lieferkette verbessert werden. (1), (2), (3), (4)

- Im Falle eines Produktrückrufes ist die Strategie des Traceability Management, den Schaden durch eine schnelle Problemanalyse, ausgefeilte Rückrufpläne, Versicherungen und die richtige Kundenkommunikation zu begrenzen. (1), (5), (6)

Beitrag

Produktrückrufe können für ein Unternehmen Schäden in Millionen Höhe verursachen. Um sich vor einem wirtschaftlichen Ruin zu schützen, greifen deswegen viele Unternehmen auf das Konzept des sogenannten Traceability Managements zurück. Diese Strategie baut auf ein hohes Qualitätsniveau und ein gutes Management der Lieferkette auf, was das Risiko eines Produktrückrufes minimiert. Tritt jedoch ein Warenrückruf ein, soll eine schnelle Problemanalyse, ein gezieltes Agieren und eine offene Kommunikation den Schaden eingrenzen. (1), (2), (3), (4)

Verbesserung des Qualitätsmanagements

Ein hervorragendes Qualitätsmanagement ist Hauptbestandteil des Traceability Managements. Stimmt die Qualität der Produkte von vorneherein, so müssen keine Waren zurückgerufen werden. Um die Qualität der Produkte zu sichern, werden Kontrollen durchgeführt, die nicht nur den gesamten Produktionsprozeß überprüfen, sondern auch die vorschriftsmäßige Lagerung der Produkte außerhalb des Unternehmens bei den Vertriebspartnern. (1), (3)

Kennzeichnung und Rückverfolgbarkeit der Produkte

Wichtige Bestandteile eines guten Qualitätsmanagements sind die Kennzeichnung und die Rückverfolgbarkeit der Produkte. Die Arbeitsabläufe beginnend von der Produktion bis zur Auslieferung der fertigen Ware sollen transparent dargestellt werden, um Schwachstellen besser aufdecken zu können und Kundenreklamationen bearbeiten zu können. Produkte können nur rückverfolgt werden, wenn ihre einzelnen Komponenten eindeutig identifizierbar sind. Deswegen werden in der Praxis Identtechniken verwandt, die die Ware beispielsweise mit Plaketten oder (Barcode-)Etiketten kennzeichnen. Sie sind einerseits ein unverzichtbarer Bestandteil des

Traceability Managements andererseits aber auch sehr kostenaufwendig. Die Unternehmen müssen deswegen einen Kompromiss zwischen einer eindeutigen Kennzeichnung, die je genauer auch umso teurer ist, und der Wirtschaftlichkeit finden. (1)

Supply Chain Management: die Lieferkette muss gesteuert werden

Das Konzept des Supply Chain Management ist, die globalen Produktions- und Versorgungsketten des Unternehmennetzwerkes zu koordinieren und zu steuern, mit dem Ziel die inner- und überbetrieblichen Material-, Informations- und Finanzflüsse zu verbessern. Im Falle eines Rückrufes kann mit Hilfe des Supply Chain Management der genaue Ort und die Menge der fehlerhaften Ware bestimmt werden. Durch den Einsatz modernster Technologien können in kürzester Zeit die benutzten Transportmittel, die Transporthilfsmittel und die fehlerhaften Sendungen erkannt und gestoppt werden. (4)

Ursachenanalyse von Produktfehlern

Die Ursache eines Produktfehlers zu finden, ist eine der schwierigsten Aufgaben des Traceability Managements. Gelingt es dem Unternehmen nicht in kürzester Zeit den Grund für eine fehlerhafte Ware zu erkennen, müssen nicht nur die betroffenen Lieferungen zurückgerufen werden, sondern alle Produkte, was viel kostspieliger ist. Jegliche Informationen von Beteiligten aus der gesamten Wertschöpfungskette, wie beispielsweise von Chemikern, Lieferern, oder Behördenvertretern des Gesundheitsamtes, werden in einer Datenbank gesammelt und mit einer speziellen Analysesoftware ausgewertet. Diese Software stellt Zusammenhänge zwischen Daten, Informationen und Hinweisen her unter Berücksichtigung von geographischen, klimatischen oder gesellschaftlichen Einflüssen. So werden zur Aufklärung, Zeit-Weg-Diagramme, Beziehungsdiagramme und Statistiken erstellt. (1), (5)

Die richtige Kommunikation mit Kunden

Im Falle einer Rückrufaktion ist die Öffentlichkeitsarbeit des Unternehmens besonders wichtig, um dem Image eines Unternehmens nicht so sehr zu schaden. Wenn das fehlerhafte Produkt ein Risiko für Leib und Leben des Verbrauchers darstellt, ist das Unternehmen nach dem seit 1. Mai 1998 geltenden Gesetz zur Kontrolle und Transparenz im Unternehmensbereich (KonTraG) verpflichtet, jegliche Kommunikationswege einzusetzen, um den Verbraucher zu benachrichtigen und zu warnen. Dabei soll der Verbraucher über die Modalitäten des Rückrufs eingehend informiert werden, ob die Ware repariert oder eingetauscht wird. Das Unternehmen ist auch verpflichtet, die Ursachen für den Mangel genau darzustellen. Für die Abteilung der Öffentlichkeitsarbeit in einem Unternehmen bedeutet eine Rückrufaktion, die Produktfehler und negativen Auswirkungen positiv zu übermitteln. Indem das Unternehmen offen und ehrlich kommuniziert und die Sicherheit und den Verbraucherschutz in den Vordergrund stellt, dürfte das Image keinen größeren Schaden erleiden. (1)

Schadensbegrenzung durch Versicherungsschutz

Für ein Unternehmen entsteht eine erhebliche

Risikominimierung durch den Abschluss einer Versicherung für Produktrückrufe, die unbeabsichtigte Produktmängel oder Veränderungen deckt. Es besteht auch die Möglichkeit eine Produktschutzversicherung abzuschließen, die eine Deckung für vorsätzliche Eingriffe Dritter (beispielsweise Erpressung) gewährt. Der Deckungsumfang ist einheitlich festgesetzt und beinhaltet die entstehenden Kosten, die Verbraucher zu verständigen, die Ware einzusammeln, zu lagern und zu entsorgen. Die Kosten, die mangelhaften Produkte auszutauschen, Ersatzteile zu beschaffen oder Reparaturen zu erledigen, können ebenfalls versichert werden. In Deutschland sind die Deckungssummen in der Regel zwischen 5 und 25 Millionen Euro, was im Falle einer großen Rückrufaktion nicht ausreicht, um ein Unternehmen vor einem Untergang zu bewahren. Außerdem lassen sich immaterielle Werte, wie beispielsweise ein Imageschaden, nicht versichern. (1)

Ein ausgereiftes Informationsmanagement

Jegliche Informationen und Daten zu einem Produkt, angefangen von der Rohstoffbeschaffung, über Produktion, Transport etc. müssen gesammelt, sortiert und gespeichert werden. Deswegen ist ein gutes Traceability Management auf verlässliche Imformationssysteme angewiesen. Die Aufgabe des Informationsmanagements ist die Entwicklung von entsprechenden Datenbanken, die benutzerfreundlich und flexibel sein sollen, damit alle Involvierten die Informationen richtig eingeben und anwenden können. Durch eine genaue Informationswiedergabe nämlich können Rückrufaktionen auf ein Minimum reduziert werden und enorme Kosten eingespart werden. (5), (6)

Fallbeispiele

Der japanische Reifenhersteller Bridgestone/Firestone musste 2000 14,4 Millionen Off-Road-Reifen der Typen ATX und Wilderness zurückrufen. Diese spektakuläre Rückrufaktion ist bis heute die weltweit größte und kostete das Unternehmen drei Milliarden US-Dollar. Das hatte zur Folge, dass das drittgrößte Bridgestone/Firestone Werk in den USA geschlossen werden musste und tausende Angestellte entlassen werden mussten. (1)

BMW musste im Juni 1999 alle Fahrzeuge der neuen

3er Serie zurückrufen. Grund war, dass auf holpriger Straße die Bremsen möglicherweise versagen könnten und der Seitenairbag sich auslösen könnte. Weltweit wurden bereits 280.000 Autos ausgeliefert und zurückgefordert. (7)

Weiterführende Literatur

(1) Fischer, Stefan / Richter, Hans-Jörg / Rupprecht, Karl-Rudolf, Produktrückrufe erfolgreich managen, Harvard Businessmanager, 20.09.2002, S. 56
aus Die Bank, Heft 11/2005, S. 19-23

(2) Leitl, Michael, Risikomanagement?, Harvard Businessmanger, 28.06.2005, S. 17
aus Die Bank, Heft 11/2005, S. 19-23

(3) Migration von Wissensmanagementaufgaben in den betrieblichen Ablauf
aus wissensmanagement, Heft 1, 2006, S. 26

(4) Sheffi, Yossi, Tauziehen um das Supply-Chain-Management, Harvard Businessmanager, 24.01.2006, S. 88
aus wissensmanagement, Heft 1, 2006, S. 26

(5) Wie die Datenfluten zu beherrschen sind
aus Computer Zeitung, Heft 1, 2001

(6) Integration von Informationstechnologien in globale Unternehmensnetzwerke - Entwicklung eines

Maßnahmenkatalogs
aus ZWF - Zeitschrift für wirtschaftlichen Fabrikbetrieb, Heft 12/2004, S. 690-697

(7) Rückrufaktionen: Konstruktions-Mängel häufen sich
aus MOTOR-INFORMATIONS-DIENST Nr.23 vom 7.Juni 1999

Impressum

Traceability Management - Risikominimierung bei Produktrückrufen

Bibliografische Information der deutschen Nationalbibliothek

Die Deutsche Nationalbibliothek verzeichnet diese Publikation in der deutschen Nationalbibliografie; detaillierte bibliografische Daten sind im Internet über http://dnb.d-nb.de abrufbar.

ISBN: 978-3-7379-0448-3

© 2015 GBI-Genios Deutsche Wirtschaftsdatenbank GmbH, Freischützstraße 96, 81927 München, www.genios.de

Alle Rechte vorbehalten. Dieses Werk ist einschließlich aller seiner Teile – z.B. Texte, Tabellen und Grafiken - urheberrechtlich geschützt. Jede Verwertung außerhalb der Grenzen des Urheberrechtsgesetzes bedarf der vorherigen Zustimmung des Verlags. Dies gilt insbesondere auch für auszugsweise Nachdrucke, fotomechanische

Vervielfältigungen (Fotokopie/Mikroskopie), Übersetzungen, Auswertungen durch Datenbanken oder ähnliche Einrichtungen und die Einspeicherung und Verarbeitung in elektronischen Systemen.